# LE PAPE

ET

## LE CONGRÈS

PARIS

E. DENTU, LIBRAIRE-ÉDITEUR
Palais-Royal, galerie d'Orléans, 13

FIRMIN DIDOT FRÈRES, FILS ET C<sup>ie</sup>
Imprimeurs de l'Institut, rue Jacob, 56

1859

# LE PAPE

## ET

## LE CONGRÈS.

# LE PAPE

ET

## LE CONGRÈS.

PARIS

E. DENTU, LIBRAIRE-ÉDITEUR  
Palais-Royal, galerie d'Orléans, 13

FIRMIN DIDOT FRÈRES, FILS ET Cⁱᵉ  
Libraires-éditeurs, rue Jacob, 56

1859

# LE PAPE

ET

## LE CONGRÈS.

---

I

Nous voulons étudier, en catholique sincère, une question que l'on a imprudemment passionnée. « La passion, a dit Montesquieu, fait sentir, mais ne fait jamais voir. » Essayons donc de la bannir d'un sujet où la conscience et la raison peuvent seules parler avec autorité. Entre ceux qui , détestant le pouvoir temporel du Pape, appellent hautement sa chute, et ceux qui, considérant ce pouvoir comme un article de foi, ne veulent pas que l'on y touche, il y a place pour une opinion moins exclusive dans un sens ou dans l'autre. Cette opinion, également respectueuse pour les droits des peuples et pour les intérêts de la religion , proteste contre l'antagonisme auquel semblent les condamner des esprits absolus , partis de points opposés et qui se rencontrent dans une résistance commune. Nous croyons sincèrement qu'il n'est pas impossible de conserver au Souverain Pontife son patrimoine , sans imposer par la force aux populations une autorité qui règne au nom de Dieu. Si cette conciliation pouvait s'accomplir, ce serait un grand triomphe pour la politique et pour l'Église. Quoi qu'il arrive, il est toujours noble d'y travailler.

## II

D'abord, le pouvoir temporel du Pape est-il nécessaire à l'exercice de son pouvoir spirituel?

La doctrine catholique et la raison politique
sont ici d'accord pour répondre affirmative-
ment. Au point de vue religieux, il est essentiel que le Pape soit souverain. Au point de
vue politique, il est nécessaire que le chef de
deux cents millions de catholiques n'appar-
tienne à personne, qu'il ne soit subordonné
à aucune puissance, et que la main auguste qui
gouverne les âmes, n'étant liée par aucune dépendance, puisse s'élever au-dessus de toutes
les passions humaines. Si le Pape n'était pas
souverain indépendant, il serait Français, Au-
trichien, Espagnol ou Italien, et le titre de sa
nationalité lui enlèverait le caractère de son
pontificat universel. Le Saint-Siége ne serait
plus que l'appui d'un trône, à Paris, à Vienne
ou à Madrid. Il en fut ainsi à une autre époque,
et un successeur du Prince des Apôtres eut le
malheur de laisser absorber son autorité dans
le *saint Empire germanique*. L'Europe en fut
profondément troublée, et ce trouble apporté
dans son équilibre moral et politique se pro-
longea pendant plus de trois siècles.

La lutte des Guelfes contre les Gibelins ne
fut, au fond, que l'effort de l'émancipation

morale de la Papauté contre la prépondérance de l'empereur d'Allemagne. Aujourd'hui encore ces dénominations historiques ont survécu aux événements. L'on dit du chef de l'Église qu'il est Gibelin ou Guelfe, selon qu'il est considéré comme le partisan de l'Autriche ou comme le représentant de la nationalité italienne et de l'indépendance du Saint-Siége.

Tous les grands Papes ont été Guelfes, parce que la condition de leur gloire était de s'appartenir, c'est-à-dire de ne relever que de Dieu. Quand ils ont aliéné cette souveraineté au profit d'un prince, ils ont altéré le véritable principe de leur autorité. L'Église en a souffert. L'Europe en a souffert. Le pouvoir spirituel, dont le siége est à Rome, ne peut se déplacer sans ébranler le pouvoir politique, non-seulement dans les États catholiques, mais dans tous les États chrétiens. Il importe à l'Angleterre, à la Russie et à la Prusse, comme à la France et à l'Autriche, que l'auguste représentant de l'unité du catholicisme ne soit ni contraint, ni humilié, ni subordonné. Rome est le centre d'une puissance morale trop universelle pour qu'il ne soit pas de l'intérêt de tous les Gouvernements et de tous les peuples qu'elle ne penche d'aucun côté, et qu'elle reste immobile sur la pierre sacrée qu'aucune commotion humaine ne saurait renverser.

## III

La nécessité du pouvoir temporel du Pape, au point de vue du double intérêt de la religion et de l'ordre politique de l'Europe, est donc bien démontrée. Mais quel sera ce pouvoir en lui-même? Comment l'autorité catholique, fondée sur le dogme, pourra-t-elle se concilier avec l'autorité conventionnelle fondée sur les mœurs publiques, les intérêts humains, les besoins sociaux? Comment le Pape sera-t-il tout à la fois Pontife et Roi? Comment l'homme de l'Évangile qui pardonne sera-t-il l'homme de la loi qui punit? Comment le chef de l'Église, qui excommunie les hérétiques, sera-t-il le chef de l'État qui protége la liberté de conscience? tel est le problème à résoudre.

Sans doute, ce problème est difficile. Il y a, en quelque sorte, antagonisme entre le Prince et le Pontife, confondus dans la même personnification. Le Pontife est lié par des principes d'ordre divin qu'il ne saurait abdiquer. Le Prince est sollicité par des exigences d'ordre social qu'il ne peut repousser. Quel est donc le moyen pour que la mission du Pontife trouve dans l'indépendance du Prince une garantie de son autorité, sans y trouver en même temps un embarras pour sa conscience?

Si on cherchait la solution de ce problème dans les formes usitées du gouvernement des peuples, on ne la trouverait pas. Il n'y a pas, dans le monde, une constitution qui puisse concilier des exigences si diverses. Ce n'est ni par la monarchie, ni par la république, ni par le despotisme, ni par la liberté que ce but sera atteint. Le pouvoir du Pape ne peut être qu'un pouvoir paternel ; il doit plutôt ressembler à une famille qu'à un État. Ainsi, non-seulement il n'est pas nécessaire que son territoire soit très-étendu, mais nous croyons qu'il est

même essentiel qu'il soit restreint. Plus le territoire sera petit, plus le souverain sera grand !

En effet, un grand État implique certaines
exigences auxquelles il est impossible que le
Pape donne satisfaction. Un grand État vou-
dra vivre politiquement, perfectionner ses
institutions, participer au mouvement général
des idées, bénéficier des transformations du
temps, des conquêtes de la science, des progrès de l'esprit humain. Il ne le pourra pas.
Ses lois seront enchaînées aux dogmes. Son
activité sera paralysée par la tradition. Son
patriotisme sera condamné par sa foi! Il faudra qu'il se résigne à l'immobilité ou qu'il
s'emporte jusqu'à la révolte. Le monde mar-
chera et le laissera en arrière. Alors il arrivera
de deux choses l'une : ou tout s'éteindra chez
ce peuple, et il ne restera rien en lui des géné-
reuses activités de la vie publique ; ou bien les
nobles aspirations de la nationalité déborde-
ront, et il faudra, comme cela s'est vu déjà,
que la force matérielle vienne suppléer à l'in-
suffisance de l'autorité morale. Le pouvoir
temporel du Pape, dans ces conditions, ne
pourra se maintenir que s'il est protégé par

une occupation militaire autrichienne ou française.

Extrémité douloureuse! car tout pouvoir
qui ne vit pas de ses forces nationales et de la
confiance publique n'est pas une institution ;
ce n'est qu'un expédient. L'Église, loin d'y
trouver une condition d'indépendance, n'y
trouverait qu'une cause de discrédit et d'im-
puissance. Ce n'est pas ce que peut vouloir la
France. Ce n'est pas ce que veulent les hommes véritablement religieux.


IV


Ainsi donc, le pouvoir temporel du Pape est
nécessaire et légitime ; mais il est incompa-
tible avec un État de quelque étendue. Il n'est
possible que s'il est exempt de toutes les conditions ordinaires du pouvoir, c'est-à-dire de
tout ce qui constitue son activité, ses dévelop-
pements, ses progrès. Il doit vivre sans armée,

sans représentation législative et, pour ainsi
dire, sans code et sans justice. C'est un régime
à part et qui se rapproche plutôt de l'autorité
de la famille que de l'administration d'un peuple. Sous ce régime, les dogmes sont les lois,
les prêtres sont les législateurs, les autels sont
les citadelles, et les armes spirituelles sont la
seule égide du Gouvernement. Sa puissance est
moins dans sa force que dans sa faiblesse ; elle
est dans le respect qu'il impose et dans le bon-
heur qu'il donne à ceux auxquels il refuse les
satisfactions de la vie politique.

Il suit de là naturellement, d'après nous, que
la question n'est pas de savoir si le Pape aura
plus ou moins de sujets, plus ou moins de territoire. Il faut qu'il en ait assez pour ne pas
être assujetti lui-même et pour être souverain
dans l'ordre temporel. Mais il ne faut pas que
cette souveraineté l'oblige à jouer un rôle politique, car alors le Pontife, loin de trouver
dans ce pouvoir une garantie d'indépendance,
n'y trouverait qu'une condition de servitude
pour lui ou une nécessité d'asservissement
pour son peuple.

On peut admettre qu'il existe en Europe un

petit coin de terre séquestré des passions et
des intérêts qui agitent les autres peuples, et
voué uniquement à la gloire de Dieu. Dans ce
coin de terre, illustré par les plus grands souvenirs de l'histoire, le centre de l'unité catholique a remplacé la capitale du monde. Rome,
qui résumait naguère toute la grandeur des
siècles païens, a une destinée exceptionnelle.
En perdant sa domination politique, elle a
conquis une domination d'un caractère plus
élevé dans l'ordre spirituel, et elle s'appelle la
Ville éternelle. La Religion, les souvenirs, les
arts forment aussi une nationalité. Ceux qui
vivent à Rome, sous l'autorité du chef de
l'Église, sont soumis, sans doute, à des conditions particulières d'existence sociale et
civile ; mais s'ils ne sont plus les membres
d'une grande patrie, ils sont toujours les citoyens d'une glorieuse métropole qui étend
son influence partout où la foi se maintient et
se répand.

Rome appartient donc au chef de l'Église.
Si elle échappait à ce pouvoir auguste, elle
perdrait immédiatement tout son prestige ;
Rome, avec une tribune, des orateurs, des

écrivains, un gouvernement séculier et un prince au Vatican, ne serait qu'une ville. La liberté la déshériterait. Après avoir imposé sa loi à tous les peuples, elle ne peut conserver sa grandeur qu'en commandant aux âmes. Le sénat romain n'a d'autre compensation digne de lui que le Vatican.

## V

L'histoire, la Religion, la politique justifient donc complétement une dérogation aux conditions régulières et normales de la vie des peuples. Rien de plus simple, de plus légitime et de plus essentiel que le Pape trônant à Rome et possédant un territoire restreint. Pour la satisfaction d'un intérêt aussi élevé, il est bien permis de soustraire quelques centaines de mille âmes à la vie des nations, sans les sacrifier toutefois et en leur assurant des garanties de bien-être et de protection sociale.

Il faut que le gouvernement du Pape soit paternel par son administration comme il l'est
par sa nature. Celui qui s'appelle le Saint-
Père pour tous les catholiques, doit être un
Père pour tous ses sujets. Si ses institutions sont
en dehors des principes qui garantissent les
droits de gouvernement dans une société politique, ses actes n'en doivent être que plus ir-
réprochables, et quand il ne peut être imité
de personne, il importe qu'il soit envié de tout
le monde.

Nous concevons donc le gouvernement temporel du Pape comme l'image du gouvernement de l'Église. C'est un pontificat et non
une dictature. Le large développement de la
vie municipale dégageant sa responsabilité
des intérêts administratifs, il peut se maintenir dans une sphère qui l'élève au-dessus de
la manipulation des affaires. Membre de la
Confédération italienne, il est protégé par
l'armée fédérale. Une armée pontificale ne
doit être qu'une enseigne d'ordre public;
mais quand il y a à combattre les ennemis du
dehors ou du dedans, ce n'est pas au chef de
l'Église à tirer l'épée. Le sang répandu en

son nom serait une offense à la miséricorde divine qu'il représente. Quand il élève la main, c'est pour bénir et non pour frapper.

Un autre point très-important, c'est que le culte catholique ne reste pas exclusivement à la charge des sujets du Gouvernement pontifical. Le Pape est le souverain spirituel de tous les fidèles ; il ne serait pas juste que les dépenses nécessaires pour entretenir la splendeur qui convient à la majesté du chef de l'Église fussent supportées par les populations de ses États. C'est aux puissances catholiques à pourvoir à ces dépenses, qui les intéressent toutes, par de larges tributs payés au Saint-Père. Son budget ne sera pas ainsi exclusivement romain ; il sera international comme son autorité, qui, au point de vue religieux est reconnue et respectée partout où le dogme qu'il représente est la loi des consciences. De cette manière, un double résultat également précieux sera obtenu : d'une part, le Pape trouvera, dans le tribut des puissances catholiques, une nouvelle consécration de l'universalité et de l'unité du pouvoir moral qu'il exerce, et, d'autre part, il ne sera pas obligé de pressurer son peuple par des impôts qui ne rempliraient son trésor qu'en discréditant son nom.

En résumé, il y aura en Europe un peuple qui aura à sa tête moins un roi qu'un père, et dont les droits seront plutôt garantis par le cœur de son souverain que par l'autorité des lois et des institutions. Ce peuple n'aura pas de représentation nationale, pas d'armée, pas de presse, pas de magistrature. Toute sa vie publique sera concentrée dans son organisation municipale. En dehors de ce cercle étroit, il n'y aura d'autre ressource pour lui que la contemplation, les arts, le culte des grands souvenirs et la prière. Il sera à jamais déshérité de cette noble part d'activité qui, dans tous les pays, est le stimulant du patriotisme et l'exercice légitime des facultés de l'esprit ou des supériorités du caractère. Sous le gouvernement du Souverain Pontife, on ne pourra prétendre ni à la gloire du soldat, ni à celle de l'orateur ou de l'homme d'État. Ce sera un gouvernement de repos et de recueillement, une sorte d'oasis où les passions et les intérêts de la politique n'aborderont pas et qui n'aura que les douces et calmes perspectives du monde spirituel.

Sans doute, il y a dans cette condition exceptionnelle quelque chose de pénible pour des hommes qui sentent en eux de nobles ambitions de servir et de s'élever par le mérite, et qui sont condamnés à l'inaction. C'est un sacrifice qu'il faut bien leur demander, dans un intérêt d'ordre supérieur devant lequel les intérêts particuliers doivent s'effacer. D'ailleurs, si les sujets du Pape sont soustraits à l'activité de la vie politique, ils en seront dédommagés d'un autre côté par une administration toute paternelle, par des exemptions d'impôts, par la grandeur morale de leur patrie, qui est le centre de la foi catholique, et par la présence d'une cour dont l'éclat, nécessaire à la double majesté du Pontife et du prince, sera entretenu au moyen des tributs que payeront généreusement les puissances catholiques de l'Europe. Ces compensations ont bien quelque valeur, et, après tout, sous un pareil régime, avec de tels avantages et avec de grands Papes, comme il y en a eu dans l'histoire, il y aura toujours de l'honneur à se dire citoyen romain — *civis romanus.*


## VI


Nécessité de maintenir le pouvoir temporel du Pape;

Nécessité de le dégager autant que possible de toutes les responsabilités qui incombent à un gouvernement, et de placer le chef de l'Église dans une sphère où son autorité spirituelle ne puisse être ni gênée ni compromise par son autorité politique;

Nécessité, pour qu'il en soit ainsi, de restreindre au lieu d'étendre son territoire, et de diminuer plutôt que d'augmenter le nombre de ses sujets;

Nécessité de donner aux populations de cet État, ainsi privées des avantages de la vie politique, des compensations, par une administration tutélaire, paternelle, économique :

Telle est, en quelques mots, la démonstration que nous avons essayé d'établir dans les pages qui précèdent.

Comme conséquence de cette démonstration, une autre question se présente, question délicate, mais dont la solution deviendra, selon nous, plus facile à la lumière des principes que nous avons posés.

La Romagne est séparée de fait, depuis quelques mois, de l'autorité du Pape. Elle a vécu sous un gouvernement provisoire. Elle est administrée aujourd'hui par un gouverneur dont les pouvoirs s'étendent sur tous les États de l'Italie centrale. Ainsi cette séparation a pour elle l'autorité du fait accompli.

Faut-il rendre la Romagne au Pape?

Pour résoudre cette question, nous ne voulons que consulter l'intérêt de la Papauté. Comme nous l'avons dit déjà, c'est en catholique que nous écrivons, et nous cherchons uniquement ce qui peut profiter à l'Église et assurer à son auguste chef la sécurité et la grandeur que la France, plus que toute autre nation, est tenue de lui donner.

Ainsi, nous n'avons point à nous préoccuper

ici de l'intérêt des populations des Romagnes,
du droit qu'elles peuvent avoir de se donner
un autre gouvernement, des plaintes qu'elles
élèvent contre l'administration pontificale, de
la sincérité plus ou moins sérieuse des votes
qui ont prononcé l'annexion au Piémont. Cela
n'est pas de notre sujet. Est-il utile, oui ou
non, à la gloire de l'Église, à l'autorité de son
chef, que la Romagne soit rendue au patrimoine de saint Pierre? Voilà seulement ce que
nous avons à examiner.

## VII

La Romagne, malgré la cession qu'en fit le
Saint-Siége en 1796, est une possession par-
faitement légitime du gouvernement pontifical. L'insurrection de ses habitants contre le
Pape est donc une révolte contre le droit légal
et contre les traités. C'est en vertu des traités
de 1815 que la Romagne, qui faisait partie du

royaume d'Italie, sous l'empire, a été rendue
en dernier lieu au Pape. Tant que ces traités
subsistent, il est incontestable que le Souverain Pontife est autorisé à revendiquer, comme
il l'a fait, une partie de son territoire qui a
échappé à sa souveraineté.

Mais la Papauté et la Religion sont-elles in-
téressées à cette revendication? Ici la conscience hésite et son sentiment se sépare de
l'interprétation rigoureuse du droit légal. La
Romagne, qui est une possession légitime du
Saint-Siége, est-elle une extension nécessaire
de son autorité temporelle? Lui apporte-
t-elle une condition de puissance et de sécurité? S'il en était ainsi, il n'y aurait pas de
doute; la question serait tranchée pour tous
les catholiques.

Nous ne croyons pas, quant à nous, que la
séparation des Romagnes soit un amoindris-
sement pour le pouvoir temporel du Pape.
Son territoire est diminué, cela est vrai; mais
son autorité politique, en se dégageant d'une
résistance qui la paralyse, ne s'affaiblit pas,
elle grandit moralement. Car, il faut le redire
encore, l'autorité du chef de l'Église n'est pas

dans l'étendue d'un territoire qu'il ne peut conserver qu'avec les armes d'une puissance étrangère, ni dans le nombre des sujets sur lesquels il ne peut régner que par la contrainte; elle est dans la confiance et le respect qu'il inspire et qui le dispensent de recourir aux mesures extrêmes de rigueur, mauvaises pour tous les gouvernements, mauvaises surtout pour un prince qui règne l'Évangile à la main.

Qu'importe donc au prestige, à la dignité et à la grandeur du Souverain Pontife, les lieues carrées enclavées dans ses États? A-t-il besoin de l'espace pour être aimé et vénéré? Est-ce que ses bénédictions et ses enseignements ne sont pas la manifestation la plus puissante de son droit? Est-ce qu'il n'enseigne pas et ne bénit pas le monde entier? Qu'il commande à peu ou à beaucoup d'hommes, là n'est pas la question. Ce qui est essentiel, c'est qu'il ait assez de sujets pour être indépendant, et qu'il n'en ait pas trop pour être entraîné par ces courants de passions, d'intérêts, de nouveautés qui se produisent partout où il y a des agglomérations considérables.

L'importance du Pape ne se constate pas par les vingt et une provinces qu'il possède aujourd'hui. Bologne, Ancône et Ravenne, séparées de Rome par une chaîne de montagnes, le caractère de ses habitants et les souvenirs historiques, n'ajoutent rien à l'éclat et à la puissance du Saint-Siége. Le Pape, trônant à Rome et siégeant au Vatican, est ce qui frappe le monde. On aperçoit à peine le souverain des États-Romains.

Toutefois, nous en convenons, si la Romagne appartenait librement au Pape par l'adhésion, la confiance et l'attachement des populations, comme elle lui appartient par le droit de l'histoire et des traités, elle ne pourrait être considérée comme un embarras pour lui. Les faits prouvent qu'il n'en est pas ainsi. Depuis les traités de 1815, cette partie des États de l'Église n'a pas subi moins de vingt années d'occupation autrichienne. L'Autriche était encore à Bologne, lorsque le drapeau de la France a paru sur les Alpes. C'est sa retraite qui a entraîné le départ du légat et le renversement de l'autorité pontificale. Sans elle, cette autorité ne peut ni se relever, ni se maintenir. Tout

cela est malheureusement d'une évidence incontestable.

En rendant les Romagnes au Saint-Père, on
ne lui donnerait donc pas des sujets respectueux, soumis et dévoués, prêts à s'incliner
sous sa main. On ne lui donnerait que des ennemis de son pouvoir, décidés à lui résister et
que la force seule pourrait contenir. Qu'y
gagnerait l'Église? Elle serait obligée de voir
des fils infidèles dans des sujets rebelles et
d'excommunier ceux qu'elle devrait frapper !
Pour rester souveraine, elle devrait renoncer
peut-être à son plus beau titre, à celui de
mère ! Ce n'est pas ce qu'elle veut. Ce n'est pas
ce que veulent les évêques et les catholiques.
Une reprise de possession qui s'achèterait par
de tels sacrifices serait un désastre et non un
triomphe. Pour quelques centaines de mille
habitants qu'elle rendrait à l'autorité temporelle du Pape, elle porterait à son autorité
spirituelle une atteinte dont la protection de
Dieu et la sagesse de l'Europe sauront la pré-
server.

# VIII

Mais ce n'est pas tout. Supposons, par impossible, que l'Église ne redoute pas ce dommage et que le Pape ne recule pas devant cette extrémité ; supposons que l'on soit d'accord pour rendre les Romagnes au gouvernement pontifical : comment s'y prendra-t-on ? Est-ce par la voie de la persuasion et des bons conseils ? Mais cette voie a été épuisée. L'empereur des Français, qui a constamment défendu les droits du Saint-Siége, a usé de toute son autorité morale pour apaiser les esprits dans l'Italie centrale et réconcilier les populations avec les anciens gouvernements. Il n'a pu y réussir, et son influence a échoué devant l'impossible. Il ne reste donc qu'un seul moyen : la force.

Il n'y a que la force qui puisse ramener les Romagnes à la condition qui leur a été faite par les traités et par l'histoire. Peut-on l'employer? Et si on l'emploie, qui sera chargé de l'exécution? Est-ce la France? Est-ce l'Autriche?

L'intervention armée pour soumettre les Italiens serait ce qu'il y aurait de plus funeste aux anciens gouvernements et surtout au gouvernement pontifical. Les restaurations qui s'accomplissent par la force étrangère n'ont jamais été heureuses. Elles ont toujours porté la peine de leur origine. Quand un pouvoir est imposé à un pays par l'étranger, il n'est jamais accepté par sa volonté et il est presque toujours renversé par sa colère.

Il est vrai que la France a ramené Pie IX à Rome. C'est déjà un malheur pour l'Église qu'il ait fallu en venir à cette extrémité, et on le voit bien par la nécessité de prolonger l'occupation par notre armée. Il faut ajouter que Rome est dans une situation tout exceptionnelle qui trace sa destinée. Elle est vouée, par sa grandeur passée, à la destination qu'elle occupe depuis l'établissement de la Papauté. Elle ne saurait y échapper; son sort est réglé. C'est l'arrêt de la civilisation, de l'histoire et de Dieu lui-même.

Mais ce qui est nécessaire pour Rome, est-
il possible pour les autres villes des États-Romains? Nous ne le pensons pas, car les incon-
vénients de cette intervention, déjà si grands
en ce qui concerne la métropole du catholicisme, seraient autrement plus graves, s'il
fallait faire le siége de chaque ville des Léga-
tions. Ce serait la ruine morale de l'autorité
du Souverain Pontife. Au lieu de régner par le
droit qui s'impose et par le respect qui s'inspire, il en serait réduit à transformer son
sublime pontificat en dictature!

Allons plus loin encore, et demandons qui
serait chargé d'opérer cette restauration for-
cée? Serait-ce la France? serait-ce l'Autriche?

La France! Mais elle ne le peut pas. Nation
catholique, elle ne consentirait pas à porter cette
grave atteinte à la puissance morale du catholicisme. Nation libérale, elle ne saurait contraindre les peuples à subir des gouvernements
que leur volonté repousse.

Les catholiques qui cherchent pour l'Église
un pareil triomphe nous paraissent aussi dan-
gereux pour elle que le seraient, pour la monarchie, les royalistes qui rêveraient de ré-

tablir l'ancienne légitimité à l'aide d'une nouvelle invasion.

Quant à contraindre les peuples, la France
n'y est pas habituée. Lorsqu'elle s'est mêlée
de leurs affaires, c'est pour les affranchir et
non pour les opprimer. Sous Louis XVI, nous
sommes allés en Amérique pour aider le
Nouveau-Monde à conquérir sa nationalité. La
Grèce, la Belgique et les Principautés danu-
biennes nous doivent en grande partie leur
existence. Telle a été et telle est surtout aujourd'hui la règle de notre politique.

En Italie plus qu'ailleurs, la France est tenue
de maintenir les principes de sa politique libérale. La France a soigneusement évité d'en-
courager et de reconnaître les gouvernements
de fait dans l'Italie centrale. Elle a épuisé ses
efforts diplomatiques pour réconcilier les
Princes et les populations. Mais elle ne saurait
oublier cependant que les nouveaux gouvernements sont nés le jour où l'Autriche est partie.
Ils sont nés d'une réaction légitime contre
l'occupation étrangère et d'un noble élan de
nationalité vers la France qui venait sauver l'indépendance de la Péninsule.

Ce qui est tombé à Bologne, comme à Modène, à Parme et à Florence, c'est donc moins
l'autorité des anciens Princes que l'influence
de l'Autriche, sous laquelle les Princes avaient
malheureusement effacé le caractère national
de leur souveraineté.

Il eût été certainement très-désirable que ce
qui est tombé par la réaction du sentiment national si longtemps opprimé eût pu se rétablir
sous la garantie des réformes qui ont été promises. En y aidant, la France était dans la vérité de sa politique de modération. Mais en
faisant plus, en tournant aujourd'hui contre
le peuple italien les baïonnettes victorieuses
qui le protégeaient, il y a six mois, contre
l'Autriche, elle agirait à contre-sens de ses
traditions, de ses intérêts et de ses œuvres.
Après avoir proclamé un grand principe de
justice, de réparation et de nationalité, la
France ne peut désavouer cette glorieuse mission et laisser à l'Angleterre, notre libérale
alliée, le privilége exclusif de revendiquer les
conséquences de l'initiative de l'Empereur et
du triomphe de nos armes.

# IX

Mais si la France ne peut pas intervenir, qu'elle laisse faire l'Autriche ! Voilà ce que disent les partisans de l'intervention étrangère en Italie. Nous aurions couru les chances d'une grande guerre ; nous aurions gagné quatre victoires ; nous aurions perdu cinquante mille hommes, dépensé 3oo millions, ébranlé l'Europe, et tout cela pour que l'Autriche, le lendemain de la paix, reprît dans la Péninsule la domination qu'elle exerçait la veille de ses défaites! Magenta et Solferino ne seraient que des trophées pour l'histoire contemporaine! Nos soldats auraient donné leur sang pour une vaine gloire! L'héroïsme français serait stérile ! Non, non, la politique française n'a ni de pareilles contradictions, ni de pareilles défaillances.

La domination de l'Autriche en Italie est

finie. C'est là le grand résultat de notre campagne, consacré par la paix de Villafranca. Pour que l'Autriche pût encore aller à Florence, à Parme ou à Bologne, il faudrait admettre que c'est elle qui nous a vaincus. Rendons justice à sa loyauté et à son bon sens, elle n'y prétend pas, et ceux qui, en France, y prétendent pour elle, oublient tout à la fois ce que nos principes nous imposent et ce que notre honneur nous défend. Nos principes nous imposent de laisser l'Italie à elle-même et de respecter la souveraineté que nous lui avons rendue, sous la condition qu'elle en saura concilier les droits avec l'équilibre de l'Europe. Notre honneur nous défend de reconnaître à l'Autriche un droit d'intervention armée que nous ne nous reconnaissons pas à nous-mêmes.

Ainsi donc, la France ne saurait intervenir pour le rétablissement de l'autorité temporelle du Pape dans les Romagnes, et elle ne peut permettre à l'Autriche de recourir à la force pour soumettre les populations, quand elle en répudie l'emploi pour son propre compte.

## X

Si la France et l'Autriche n'interviennent ni l'une ni l'autre, quel est donc le bras qui fera rentrer la Romagne dans la soumission? Serait-ce celui d'une puissance italienne? Il n'en est qu'une seule à qui ce rôle pourrait appartenir, c'est Naples. Mais est-ce possible? Le royaume des Deux-Siciles est profondément travaillé par un esprit qui ne permet pas à son gouvernement de tenter des diversions sur les Abruzzes. Il a besoin de toutes ses forces pour conjurer ses périls intérieurs, et, en provoquant une lutte, il s'exposerait à une révolution.

Ce serait la plus grande imprudence qui pourrait être commise, au préjudice de l'ordre et particulièrement de l'autorité du Saint-Siége. Si tous les éléments de combustion révolutionnaire que contient la Péninsule ont

pu jusqu'à présent être préservés, c'est grâce
à l'attitude passive des divers partis dont le
choc produirait l'étincelle qui mettrait le feu
à toute l'Italie. En face du roi de Naples,
champion de l'absolutisme, se dresserait le
roi de Piémont, soutien de la liberté des peuples. La guerre civile mettrait tout en question,
et l'anarchie serait fatalement le dernier mot
de cette funeste tentative.

L'intervention armée de Naples ne produirait donc que des désastres, si elle était possible. Mais elle n'est pas possible, car elle serait
une violation manifeste de la neutralité imposée
à tous les États italiens. En effet, si l'armée
napolitaine entrait dans les États de l'Église,
rien n'empêcherait l'armée piémontaise d'oc-
cuper Parme et la Toscane. Un pareil désordre
ne serait pas seulement un bouleversement de
toutes les règles internationales, ce serait, de
plus, une révolte contre la juridiction de l'Europe qui, tout en respectant le droit des souve-
rainetés particulières, a le devoir de veiller à
l'ordre général, qui intéresse sa sécurité et son
équilibre. C'est pour la sauvegarde de ses intérêts qu'elle interdit à tous les Gouvernements

de la Péninsule toute intervention armée des uns chez les autres, qui serait une atteinte à des garanties communes.

Naples, pas plus que la France et l'Autriche, ne peut donc intervenir à Bologne.

## XI

Il n'y a qu'une seule intervention qui soit régulière, efficace et légitime : c'est celle de l'Europe entière, réunie en Congrès pour décider toutes les questions qui touchent à des remaniements de territoire et à des révisions de traités.

La compétence d'un Congrès européen s'établit par les principes mêmes du droit international. Pour les lois qui obligent les peuples entre eux, comme pour celles qui obligent les citoyens d'une même nation, c'est la double consécration de l'intérêt public et du consentement général qui constitue le droit conventionnel. La pratique est ici d'accord avec la théorie, et nous voyons dans l'histoire que les royaumes se sont tour à tour formés, agrandis, modifiés, transformés, en vertu de traités.

Ce sont les traités de 1815 qui ont déterminé l'existence politique de l'Italie et ses divisions territoriales. La cession de la Lombardie à la France, qui la rétrocédait à la Sardaigne, était un acte particulier de la volonté de l'Autriche qui n'affectait en rien l'organisation des États indépendants de l'Italie, tels qu'ils ont été formés au Congrès de Vienne. Pour changer les limites de ces États, il fallait recourir à la juridiction même qui les a réglées, c'est-à-dire à toutes les Puissances signataires des traités de 1815.

C'est ce qui a eu lieu par la réserve insérée à l'article 19 du traité de Zurich, et qui a eu pour conséquence immédiate l'appel à un Congrès de l'Europe, convoqué à Paris et composé des puissances signataires de l'acte final de 1815.

Le Congrès de Paris a tout pouvoir pour changer ce qu'a fait le Congrès de Vienne. L'Europe, réunie à Vienne en 1815, a donné

les Romagnes au Pape. L'Europe, réunie à
Paris en 1860, peut en décider autrement.

Et, qu'on le remarque bien, sa décision, si
elle était contraire à celle de 1815, n'aurait pas
le caractère qu'avait la première. En 1815, on
disposait des Romagnes ; en 1860, si on ne les
rend pas au Pape, on ne fera qu'enregistrer un
fait accompli.

La compétence du Congrès ne saurait donc
être niée, car, si on la contestait aujourd'hui,
il faudrait, pour être conséquent, déclarer que
le Congrès de Vienne, composé en majorité de
grandes Puissances schismatiques, n'a pas eu
le droit de disposer, en faveur du Pape, des
Marches et des Romagnes.

On dira peut-être que le territoire du Pape
est indivisible. C'est une erreur démentie par
l'histoire. Il n'y a pas de territoire qui ait été
soumis à plus de changements et d'incertitudes
que le patrimoine de saint Pierre. La Romagne
donnée au pape Étienne II par Pepin, puis re-
venue à l'Empire et disputée entre des préten-
tions rivales, ne retourna au Saint-Siége que
sous Louis XII. Il en fut de même pour les
Marches qui, après bien des luttes, ne furent

annexées aux États-Romains que par Louis de Gonzague. Enfin, en 1796, un Pape, Pie VI, signait à Tolentino un traité qui cédait à la France, à perpétuité pour lui et ses successeurs, le Bolonais, le Ferrarais et la Romagne. Il renonçait également aux droits qu'il pouvait avoir sur les villes et territoires d'Avignon et le comtat Venaissin, ce qui forme aujourd'hui le département de Vaucluse.

En effet, en 1791, Avignon, qui s'était insurgé contre le légat du Pape, demanda à être réuni à la France, et un acte de l'Assemblée constituante réalisa cette annexion, qui ne fut reconnue par le Pape que dans le traité de Tolentino.

Or, de deux choses l'une : ou le territoire de l'Église, ainsi que le prétendent certaines personnes, est le patrimoine inaliénable et indivisible de l'Église, auquel on ne saurait toucher, et alors il faut rendre au Pape la souveraineté du département de Vaucluse ; ou bien ce territoire est, comme tous les autres, soumis aux changements, et alors il est permis aux esprits pieux, mais indépendants, de discuter son plus ou moins d'étendue.

Dira-t-on qu'en acceptant cette cession de
son territoire à Tolentino, le Souverain Pontife n'était pas libre? Mais ce serait faire in-
jure au caractère et à la dignité de Pie VI. On
sait bien que rien n'oblige un Pape à céder,
et c'est devant la force la plus redoutable, que
sa faiblesse est surtout invincible, quand elle
a pour elle l'égide du bon droit.

Le territoire des États de l'Église n'est donc
pas plus indivisible que l'étendue de ce territoire n'est invariable. Comme toutes les pos-
sessions, celle-ci subit l'influence des événements : elle s'étend ou se restreint selon que
ses intérêts et les nécessités générales de la
politique le lui imposent. A cet égard, rien
n'est absolu. Seule, l'autorité spirituelle du
Pape est immuable comme les vérités qu'elle
représente et les dogmes qu'elle enseigne.
Quant à l'autorité temporelle, liée à l'autre
par un principe supérieur, elle reste nécessai-
rement soumise à toutes les conditions des
choses humaines. Ce serait rabaisser la puissance divine que de diviniser ce qui n'est
qu'humain, et de donner le caractère de l'éter-
nité à des institutions mobiles et variables

comme les accidents, les transformations et les progrès de la société.

## XII

Toutes les raisons que l'on invoque pour amoindrir la compétence du Congrès et pour lier sa liberté sont donc sans valeur. L'Europe, qui a pu sacrifier l'Italie en 1815, peut, à plus forte raison, l'affranchir et la sauver en 1860. Le droit est le même. Il s'agit seulement de mieux l'appliquer.

Quant à l'objection particulière de certaines personnes que la majorité des grandes puissances, étant schismatique, serait par cela seul incompétente pour enlever au Pape une de ses provinces, nous répondrons : Puisque ces mêmes puissances les ont données au Pape en 1815, elles ont bien le droit d'examiner ou non si elles peuvent les lui laisser en 1860.

Qu'y a-t-il à faire, dans l'état actuel des

choses, pour concilier des intérêts qui paraissent inconciliables ?

Deux partis extrêmes sont en présence : l'un qui voudrait tout enlever au Pape, l'autre qui voudrait tout lui rendre :

Deux hypothèses également inadmissibles, selon nous, et qui, toutes les deux, quoique radicalement opposées, auraient le même résultat pour la Papauté.

Nous croyons qu'il y a autre chose à faire. D'abord, nous voudrions que le Congrès reconnût, comme un principe essentiel de l'ordre européen, la nécessité du pouvoir temporel du Pape. Pour nous, c'est là le point capital. Le principe nous paraît avoir ici plus de valeur que la possession territoriale plus ou moins grande qui en sera la conséquence naturelle. Quant à cette possession elle-même, la ville de Rome en résume surtout l'importance. Le reste n'est que secondaire. Il faut que la ville de Rome et le patrimoine de saint Pierre soient garantis au Souverain Pontife par les grandes puissances, avec un revenu considérable que les États catholiques payeront comme un tribut de respect et de protection au chef de l'Église.

Il faut qu'une milice italienne, prise dans l'élite de l'armée fédérale, assure la tranquillité et l'inviolabilité du Saint-Siége. Il faut qu'une liberté municipale, aussi large que possible, dégage le gouvernement pontifical de tous les détails de l'administration, et fasse ainsi une part de vie publique locale à ceux qui sont déshérités de la vie politique. Il faut enfin que toute complication, toute idée de guerre et de révolte soit à jamais bannie du territoire gouverné par le Pape, et que l'on puisse dire : Là où règne le Vicaire de Jésus-Christ, règnent aussi la concorde, le bien-être et la paix.

C'est au Congrès qu'il appartient d'opérer cette transformation devenue nécessaire pour consolider l'autorité temporelle de Rome. Ainsi que nous l'avons dit en commençant, cette consolidation est absolument liée à l'intérêt de l'Europe. Comme institution spirituelle et divine, la Papauté n'a rien à redouter des hommes ; elle est éternelle. Comme institution politique, elle est exposée à toutes les épreuves et à toutes les disgrâces qui atteignent ce qui est humain. Eh bien! il importe à la sécurité et à l'honneur de tous qu'elle ne soit pas atteinte dans la constitution qu'elle a reçue du temps et de l'histoire. Catholiques ou schismatiques, les grandes puissances ont le même intérêt, car l'indépendance du chef de l'Église n'est pas seulement une question de conscience et de religion, c'est aussi une garantie de l'équilibre moral du monde. Cette grande cause ne saurait donc être indifférente à personne, et nous n'en connaissons pas de plus digne de l'imposant arbitrage qui est appelé à la juger.

A quoi servirait de se faire illusion? Par un concours de circonstances diverses, par un enchaînement de causes qui remontent bien loin, le pouvoir temporel du Pape est sérieusement menacé dans les conditions où il s'exerce aujourd'hui. C'est un grand malheur que nous déplorons du fond de notre cœur; mais c'est aussi un grand péril que les hommes politiques et les hommes religieux ont le devoir de conjurer pour le bien de l'Église comme pour le bien de l'Europe. Le Saint-Siége est posé sur un volcan, et le Pontife, qui est chargé par Dieu d'entretenir la paix dans le monde, est lui-même menacé sans cesse

d'une révolution. Lui, le représentant auguste
de la plus haute autorité morale de la terre,
ne se maintient que sous la protection des ar-
mées étrangères. Ces occupations militaires
ne le protégent qu'en le compromettant. Elles
excitent contre lui toutes les susceptibilités
du sentiment national; elles témoignent qu'il
ne peut se confier à l'amour et au respect de
son peuple.

C'est une situation déplorable que l'aveu-
glement et l'imprévoyance peuvent seuls vouloir prolonger, mais que le dévouement éclairé
et respectueux demande de changer au plus
vite. Ce changement est nécessaire, il est ur-
gent; il n'y a que les ennemis déclarés de la
Papauté ou ses amis aveugles qui puissent le
repousser. Il ne s'agit pas d'amoindrir le patrimoine de saint Pierre; il s'agit de le sauver.

Quand la France s'est prononcée pour
l'Italie, ce grand intérêt du salut de la Papauté
a été certainement une des préoccupations les
plus sérieuses de la politique de son souverain.
L'empereur Napoléon a compris que le pouvoir temporel du Pape, restauré en 1849 et protégé depuis par ses armes, était sérieusement

menacé dans les conditions de son existence politique. Il a compris qu'il fallait sauver la Papauté en affranchissant l'Italie. Dieu a béni son
dessein et lui a donné la victoire. Mais sa
gloire serait stérile si, en rendant à un peuple
les titres de sa nationalité, elle n'assurait pas
à l'Église sa sécurité et son indépendance.

L'empereur Napoléon Ier, par le concordat,
a réconcilié la société nouvelle et la foi. Avec
le génie d'un homme d'État et la conscience
d'un homme de bien, il a relevé les autels et
rendu un culte à cette noble France, abaissée
par le scepticisme et souillée par l'anarchie
qui, dans un jour de démence, s'appela la
déesse Raison !

Puisse son héritier avoir l'honneur, à son
tour, de réconcilier le Pape, comme souverain
temporel, avec son peuple et avec son temps !
Voilà ce que tous les cœurs sincèrement catholiques doivent demander à Dieu.

Paris. — Typographie de Firmin Didot frères, fils et C[e], rue Jacob, 56.